आते हैं मेहरबां

(मतङ्ग की कविताएँ भाग-२)

डॉ. आर. के. तिवारी 'मतङ्ग'

PUBLICATION

दिल्ली-110089, (भारत)

प्रथम संस्करण : 2021
ISBN : 978-93-90889-69-3

प्रखर गूँज पब्लिकेशन
एच-3/2, सेक्टर-18, रोहिणी, दिल्ली-110089
दूरभाष : 7982710571, 7838505899, 011-27851059

मूल्य : 195/-

आते हैं मेहरबां
(काव्य संग्रह)
(मतङ्ग की कविताएँ भाग-२)
डॉ. आर. के. तिवारी 'मतङ्ग'

Aate Hain Meherbaan **(Part - 2)**
By : **Dr. R.K. Tiwari 'Matang'**

Published by
PRAKHAR GOONJ PUBLICATION
Delhi- 110089
E-mail : prakhargoonj@gmail.com
           sinha.neelu123@gmail.com
011-27851059, 7982710571, 7838505899
web : prakhargoonjpublications.com

समर्पण

माता

स्व. श्रीमती कलावती देवी एवं

पिता

स्व. श्री दीनानाथ तिवारी जी के

चरणों में सादर समर्पित।

अनुक्रमणिका

मैं सुबह-शाम कुछ लिखता हूँ

फिर लिख करके पछताता हूँ

लगता है सब बेवजह मुझे

जब मैखाने में जाता हूँ

है मैखाने की बात और

न मंदिर में न मस्जिद में

न चर्च में ही कुछ ऐसा है

न ही दिखता गुरुद्वारे में

कोई नहीं बहुरूपिया

सब के सब सच के साथी हैं

सब सत्य बोलते दिखते हैं

न खुदी में हैं न खुदा ही हैं

मंदिर, मस्जिद गुरुद्वारों में हैं

वेश बदल कर सब मिलते

कुछ तो बनते पीर पैगंबर हैं

कुछ तो राम बने मिलते

मैखाने के सभी मुसाफिर

सत्य और ईमान लिए

सब करुणा से ओत-प्रोत हैं

सब असली पहचान लिए

झूठ की कोई जगह नहीं है

सत्य झलकता है सब में

ईश्वर, अल्ला गले मिल रहे

मैखाने की महफिल में।

रिश्तों में अपेक्षाऐं

गर लाजिमी न होतीं

न हम होते न ही ये सर जमीं होती

निःस्वार्थ जो ज्ञान दे रहे

रिश्तों की मजबूती पर

जा कर देखो उन लोगों को

नाक रगड़ते जूती पर

भीतर से हैं टूट चुके

वो सब के सब जो सच्चे थे

रिश्ते चकनाचूर हुए

जो लगते सबसे अच्छे थे

निज स्वार्थ ही निःस्वार्थ है

परिभाषा ही बदल गई

देख तितलियाँ पश्चिम वाली

नीयत सबकी मचल गई

जश्न मनाते मौज उड़ाते

पीकर दारु चौतरफा

जब भी रिश्तेदार दिखें तो

हो जाते हक्का बक्कें।

हम डरते हैं उन अपनों से

जिन अपनों में हम पले बढ़े

हम डरते हैं उन सपनों से

जो सपने अपने लिए खड़े

न ही कोई अब ऐसा है

जो सोचे मेरे सपनों को

न ही कोई ऐसा अपना

जो पोंछे मेरे नयनों को

माँ–बापू के सिवा मतङ्ग

सब अपने-अपने घात में हैं

हम सूखी रेत में महल बना

फिर बिन मौसम बरसात में हैं

सच सुनने को तैयार नहीं

सब अपनी मुझे सुनाते हैं

मेरे कंधे बन्दूक मेरी

ले शान से वो लहराते हैं

मौका मिलते चौका मारें

यदि चूकें तो हमको घूरें

बेबस उनसें लाचार हैं हम

उन अपनों में बीमार हैं हम

जो सदा हमारी खाते हैं

ओझल होते गरियाते हैं

चुपचाप सुना मैं करता हूँ

बस अपने पथ पर चलता हूँ

मैं भी राही हूँ दुनियाँ का

अपनों को खुदा समझता हूँ।

आई जो माँ की याद

मंदिर न फिर गया

आँखों में मेरे आज

समन्दर समाँ गया

दुनियाँ जो मेरी मुट्ठी में थी

मिट्टी सी लग रही

नयनों की अश्रुधार से

सैलाब आ गया

मैं मूक बना रोते हुए

सोचता रहा

उस गोद को पाने को बस

तरसता ही रहा

व्यर्थ है ये जिंदगी

व्यर्थ है ये स्वर्ग

माँ तेरे बिन ये सर जमीं

लगती है मुझको नर्क।

धर्म एक धंधा है

कानून भी अंधा है

इंसान नंगा है

मतङ्ग शर्मिंदा है

गरीबी दूर हुई नहीं

या कि नहीं गई

रोटियाँ सिकीं नहीं

या सेंकी नहीं गई

थक हार के जिन्दा हूँ

यहाँ तेरे सितम से

कोशिशे कफन भी

कभी देखी नहीं गई

फूलों ने बागबाँ से कहा

छोड़ दो मुझे

मारना हो गर भूख से

मरोड़ दो मुझे

मैं आम आदमी नहीं

जो सर झुका मरूँ

जिल्लत की जिंदगी को

मैं भी जी के क्या करूँ

जीना इंसानी फितरत है

घुटनो के बल सही

मर जाना मेरी आदत है

किसी कब्र पे कहीं।

आजकल लोग मोहब्बत भी

सियासत की तरह करते हैं

कुर्सी के लालच में

सियासत से भी मोहब्बत करते हैं

बिक जाता है जमीर

पद के लालच में

बन जाते हैं अमीर

धन के लालच में

अपनों से भी दूरी

ऐसी क्या मजबूरी

''झूठ'' और ''डर'' का

है सौदा रियासत में

जितने हैं बेईमान

सभी भगवान बन बैठे

रहनुमाई है मिली

मक्कारी की वरासत में

भगवान् हैं उनके

जो नाम को भुना सकें

फुटपाथ के रहीम

भूखे मर रहे सियासत में।

देखन में कुछ और हैं

लेखन में कुछ और

सबसे बढ़िया भाँट जो

बने फिरे शिरमौर

बने फिरें शिरमौर

करें सबकी अगुवाई

सुरा सुंदरी देख तुरंत

लेवें पिछवाई

कह मतङ्ग कवि यार

कुछन कै इहै तरीका

समुहे हमें निहारि

रंग पड़ जावे फीका।

मोहब्बत अब सियासत है

सियासत कर नहीं सकता

वफा मेरी वरासत है

इसे मैं खो नहीं सकता

मोहब्बत के मुसाफिर तू

मेरी दरख्वास्त है सुन ले

मोहब्बत करने वालों को

किनारा मिल नहीं सकता

सजी है शमाँ जिनके घर

मोहब्बत के पुजारी थे

दर्द घुँघरू के जोड़ों का

जमाना सुन नहीं सकता।

कल के भिखारी

आज भीख दे रहे हैं

सबको दुनियादारी की

सीख दे रहे हैं

टुकड़े दिखाते

लगाते हैं फोटो

अपने ही भाई की

इज्जत को लूटो

जिसका माल लूटा

उसे गरीब कह रहे हैं

वेश को बदल के

रकीब हो रहे हैं

अमीरी का अहंकार

जाने न पाए

भले लूट कर चाहे

जनता से लाएं

लगा दाँव बीबी

बने हैं जुआरी

शराफत जहाँ में

है दिखती भिखारी

चश्मा है काला

जिसे तुम लगाते

सूरज की किरणों को

कालिख बताते

नशा है सुरा का

सुरों में भी दिखता

पैकिंग में सारा

सड़ा माल बिकता

ये जनता है जन-जन की

नस जानती है

भाई को अपने

खुदा मानती है

फिर भी लुटेरे

बने हैं विभीषण

गद्दी के लालच में

करते हैं शोषण

अपने ही अपनों का

तन देखते हैं

स्वार्थ में

नंगा बदन देखते हैं

कल तक जो टुकड़ों पे

पलते हमारे

हमीं को हमारा

कफन बेचते हैं।

हे राम ! कहाँ हो आ जाओ

भूखी है शबरी सड़कों पर

प्रभू राम कहाँ हो आ जाओ

अब गिद्धराज भी है निश्चल

यदि हो तो महिमा दिखला दो

न हो तो भी सब बतला दो

आया है समय परीक्षा का

अब मुझ ''जयंत'' को मृत्यु दो

कुछ भी हो पर तुम आ जाओ

सब बाट तुम्हारी जोह रहे

कण-कण के व्यापी कहाँ छिपे

हर कण अब तुमको ढूँढ़ रहे

अब दिग-दिगंत लग रहा अंत

भूखे बालक हैं मूक संत

कुछ न बोलें कुछ न डोले

जो बोले भी वो बड़बोले

आ जाओ ऋषियों के खातिर

आ जाओ मुनियो के खातिर

आ जाओ अब निज लाज रखो

अपनी मर्यादा के खातिर

मैं बेबस हूँ वो शेष रहा

न ही जीवन अवशेष रहा

इक बार झलक दिखला जाओ

कष्टों से मुक्ति दिला जाओ

हे राम कहाँ हो आ जाओ।

हमारे जीवन का दस्तूर

हो रहा दिन प्रति दिन मजबूर

हमारे मित्र जो थे मशहूर

हुए विपदा में सब काफूर

ठोकते फिरते थे जो ताल

बजाते घूम रहे थे गाल

हमारे बुरे समय को देख

लिए घूमें सब लाल रुमाल

बगुले चलें हँस की चाल

दे रहे छक्के भी अब ताल

मचाते हर दिन नया बवाल

दिनों दिन होते जाते लाल।

अपनी ही झूठी बातों में

मैं अपनों को उलझाता हूँ
जानम के उलझे बालों को
मैं सुबह शाम सुलझाता हूँ
जो अपनी-अपनी जुगत में थे
बैठे फुटपाथ पे भुगत रहे
मैं बना मूर्ख विद्वानों की
''विद्या'' संग रास रचाता हूँ
कैसा विधान हे राम तेरा
हे संविधान क्या काम तेरा
विपदा की घड़ी खड़ी सिर पे
मैं नींद चैन सो जाता हूँ
सतयुग, त्रेता के महावीर
कलयुग में डरते दिखते हैं
सैनिक, मजदूर कृषक भ्राता ही
सेवा का दम भरते हैं
रावण ने तो हर युग में ही
अपना अधिकार जमाया है
कभी राम कभी फिर कृष्ण हुए
अब किसका नंबर आया है।

मैंने देखा जिंदगी

सड़कों पर मजबूर

एक कटोरी भीख दे

श्रीमन हों मशहूर

श्रीमन हों मशहूर

लगाए फोटो कॉपी

बगुले बन के हँस

कर रहे धर्म औ जाती

कह मतङ्ग कवि यार

यही कलयुग की रीती

अपनी बीबी छोड़

करें दूजी संग प्रीती

करते तीरथ रोज

चढ़ाते फूल औ माला

पैदा झुग्गी हुए

बनाये बीस रिसाला

पिए संजीवनी

नाम सजीवन बोले बापू

वेश बदल सब लूट

जा बसे दूजे टापू।

मैं उनसे आज मिलकर

मजबूर हो रहा हूँ

मैं आज फिर से वापस

मजदूर हो रहा हूँ

पाता हूँ अपना बचपन

पाता हूँ वो अपनापन

कल तक छिपा था प्यारे

मशहूर हो रहा हूँ

अपने ही परिजनों में

मशगूल हो रहा हूँ

सड़कों पे आज यारों

मजबूर हो रहा हूँ

अपनी ही सर जमीं में

मजदूर हो रहा हूँ

कैसा ये भाई चारा

क्यों गरीब ही ''बिचारा''

बिचारे तो हम सरीखे

उन्हें सड़कों पे उतारा

कल तक थे मेरे भाई

मुझे लाज भी न आई

सड़कों पे छोड़ करके

हम बन गये कसाई

मुझे धूप लग रही है

मुझे डर भी लग रहा है

मेरा बागबाँ सड़क पे

बेहाल मर रहा है

कुछ तो शरम करो अब

जेबें नरम करो अब

आओ गले लगा लें

अपनों को आज हम सब।

ऊपर उठने के चक्कर में

चक्कर सबको आ जाता है

जो जितना नीचे गिरता है

उतना ही ऊपर जाता है

लगा मुखौटा मन माफिक

जब वो कुर्सी को पाता है

उठा आइना जब देखे तो

खुद को नंगा पाता है

क्या सूरत है क्या बदसूरत

नंगा पन सबसे खूबसूरत

माल कमा पाश्चात्य बना

दारू पी रास रचाता है

हर बिकने वाला खरीदार

बाजारों में देखा जाता है

जाति-धर्म में होशियार

गलियारों में बिक जाता है।

घर में रहता हूँ

खुद को बचाता हूँ

बाहर निकलता हूँ

औरों को भी बचाता हूँ

ऐ खुदा मुझको

अपनी भक्ति देना

तेरे बंदों के काम आ सकूँ

इतनी शक्ति देना

इंसान को शैतान बनते

देर नहीं लगती

ऐसी हरकत न करूँ

इतनी बुद्धि देना

पाखंडों से कहीं दूर

अखंड हो मतङ्ग रहूँ

निशंक पथ प्रशस्त हो

ऐसी इक कश्ती देना।

मिलने को तो हर शख्स

एहतराम से मिला

जो भी मिला

वो अपने-अपने काम से मिला

दुनियाँ है मतलबी

मतलब से मिल रही

बस अपने ही जुगाड़ में

मशगूल दिख रही

जो धन पशू हैं धन के लिए

रोते ही रहे

माला वो लिए धन की

पिरोते ही फिर रहे

भाई न दिखा बाप

न अमीर न गरीब

वो सबसे अपनी आँख

भिगोते ही फिर रहे।

आया गया पुनः वो

जरूरत पे मिल मिला

जब भी मिला तो लेके

नया शिकवा और गिला

काश ! हम जिन्दा होते

कुछ तो शर्मिन्दा होते

तथाकथित दुर्लभ मानव से

बेहतर एक परिंदा होते

ईर्ष्या, द्वेष धर्म के द्वारे

जीवन से मुक्ति के नारे

लगा-लगा कर चुटकी लेते

मंदिर, मस्जिद गुरु के द्वारे

गीता की कसमें हैं खाते

तुलसी की मानस झुठलाते

संसद में बैठे विद्वत जन

निज हित में जनहित को खाते

जिसके चरण पड़े थे तब वो

जीत उन्हीं पर धौंस जमाते।

मुर्दे का मुर्दे कफन बेचते हैं

कुछ तो कफन में भी धन देखते हैं

नारी की इज्जत भी होती है यहाँ कैसे

‘‘तन’’ ढाकने को वो ‘‘तन’’ बेचते हैं

नोटों की लालच भी ऐसी बढ़ी देखो

मंचों पे नंगा बदन बेचते हैं

धन के पुजारी धरम बेचते हैं

धरती के रक्षक अन्न के दाता

बहाते पसीना बने अन्नदाता

उनको भी गुमराह करके निकम्मे

जाती धरम का वहम बेचते हैं

भाई ही भाई का दुश्मन बना देखो

उसका ही उसको वतन बेचते हैं

आया समय आज कैसा मतङ्ग देखो

बने बेजुबा हम कलम बेचते हैं।

जूते बिकते शोरूमों में

बिकती किताब फुटपाथों पर

जो सश्रम ईमान से जीते हैं

श्रम बिंदु हैं उनके माथों पर

कलयुग की लीला न्यारी है

भिखमंगा बना ''पुजारी'' है

जो मणि-कांचन संयोग में है

वो सबसे बड़ा जुआरी है

न मर्यादा न मान है अब

बस चोरों की ही शान है अब

ईमान तड़पता सड़कों पर

ए सी वाले भगवान् हैं अब।

मैं मूक बधिर बन लिखता हूँ

पछताता हूँ सिर धुनता हूँ

क्या करूँ मित्र कायर हूँ मैं

खुद अपने आँसू पीता हूँ

मैं जीता हूँ बस अपने लिए

अपनेपन का नाटक करता

जो आज खड़ा फुटपाथ पे है

उसके दम पे हूँ दम भरता

मैं बेशक अत्याचारी हूँ

अभिनय में कृष्ण मुरारी हूँ

मैं लिए बांसुरी घूम रहा

सुर-ताल में निपट भिखारी हूँ।

धर्मों का धंधा बनाता है अंधा

जाता है वो भी लिए चार कन्धा

दिखाते थे पथ रोज भगवान का जो

वो खुद ही हैं भूले हुए राजपथ को

था जिनको समझा ये भगवद के वेत्ता

छिपे हैं कहाँ पूछती आम जनता

आओ निकल आज दुःख से बचाओ

अपने निजी उस खुदा को बुलाओ

लेते थे चंदा सदा जिसके दम पे

खड़ा वो सड़क पे गले से लगाओ

उसी का था दाना उसी का था पानी

उसी की थी इज्जत जो लूटा जवानी

वो द्वारे खड़ा तेरे तुझको बुलाये

जरा भी शरम तुझको फिर भी न आये

अरे बेरहम छोड़ दे झूठ अब तो

खुदा बन के खुद ही बचा अब वतन को।

कल के मुर्दे "आज" को

देते काँधे चार

जीवन भर की लालसा

पल भर में बेकार

दिखे शेर तो मर्द सब

कांपत औ भय खात

बकरी काटें रौब से

खात फिरै दिन रात

अपनी बेटी लाड़ली

दूजी परी सोहात

वेश बना सज्जन भये

करें धरम की बात

कह मतङ्ग अब चुप रहो

सुनो न देखो तात

लिखना पढ़ना छोड़ दो

साँच बहुत कडुवात

राम नाम के वस्त्र में

कालनेमि अज्ञात

हनुमत भी गस खा गिरे

मेरी क्या औकात

जैसी हो भवतव्यता

तैसी मिले सहाय

अँखियों से सब दिख रहा

लालच लूटा जाय

इंसानो की भीड़ में

इंसा दिखे न कोय

पत्थर दिल जो मौन हैं

उनकी पूजा होय।

धर्म धुरंधर घर के अंदर

सड़कों पर भगवान्

भूखा प्यासा भाग रहा है

हरिहर हैं हैरान

एक नहीं आगे दिखते हैं

सेवा में अब मानव के

जिसका खाते उसी से दूरी

बना चुके प्रभु कलयुग के

राम कृष्ण के जो सौदागर

सेवा का दम भरते थे

प्रलयकाल उन पर है भारी

प्रकट देवता करते थे

सेवा का अब समय है आया

आओ सेवा कर डालें

राम कृष्ण की मूरत सब में

उनका दामन भर डालें।

मैं चापलूसी से

दूर रहता हूँ

शायद इसीलिए

मजबूर रहता हूँ

भीड़ की जरूरत

भेड़ को होती है

झुण्ड में रहकर भी

सिर झुकाए रहती हैं

''इकला चलो रे'' पे

चलकर ''शेर'' रहता हूँ

कड़ुआ परन्तु

सत्य कहता हूँ

जिन्दा रहता हूँ

जिन्दा रखता हूँ

जीते जागते

मुर्दों की दुनियाँ से

कहीं दूर

केवल ''जिन्दों'' से

अनुराग रखता हूँ
खटरागी होकर भी
बैराग रखता हूँ।

मोहताज नहीं उन वीरों का

जो माँ धरती के मालिक बनते

मोहताज नहीं उन शूरों का

जो जुर्म को अनदेखा करते

मोहताज नहीं उस धर्म का मैं

जो मानव को सदा लड़ाता हो

मोहताज नहीं उन भांटों का

जो स्वागत में केवल गाता हो

मैं मानवता का पोषक हूँ

दानवता का विध्वंसक हूँ

मैं स्वतः चिलकती धूप खड़ा

निज भ्राता का परितोषक हूँ

मैं उस माँ का आभारी हूँ

जिसने हम सबको जनम दिया

मैं ईश्वर की बनाई मूरत का

सेवक और आज्ञाकारी हूँ

मैं धर्म, जाति से बहुत दूर

जनहित का बड़ा भिखारी हूँ।

प्रभु की सेवा मानव सेवा

मानव ही मानव का ''देवा''

जो समझ सके वो कलमकार

जो न समझे वो अहंकार

कलमों में ताकत लिखने की

है अहम् में ताकत झुकने की

कलमों ने है तकदीर लिखी

जन जीवन की तस्वीर लिखी

कलमें ही भाग्य विधाता हैं

कलमें ही लिखती गाथा हैं

कलमें ही पूजा लिखती हैं

कलमों की पूजा होती है

जो कलमकार हैं चाटुकार

बस उनकी कलमें रोती हैं।

मैं सेवा का परिचायक हूँ

दुखिओं का बड़ा सहायक हूँ

जो धूर्त राह में आ जाते

उनपे तो मैं नालायक हूँ

कुछ कुटिल लोग हैं मित्र मेरे

आस्तीनों में ही रहते हैं

मेरे हाथों को हाथ लिए

सेवा का दम भी भरते हैं

अब उन सबके खातिर प्यारे

मैं आज बना खलनायक हूँ

मैं सत्ता से हूँ बहुत दूर पर

जनसत्ता का नायक हूँ।

कलम के पुजारी बनें भाँट जबसे

धरा के भिखारी वतन बेचते हैं

ये तन ढांकने को ही तन बेचते हैं

वो पैसे पे सबको कफन बेचते हैं

लालच में पागल हुए कुछ हैं ऐसे

जो मंचों पे नंगा बदन बेचते हैं

उड़ाते हैं खिल्ली बगुले भगत उनकी

सीमा पे डटकर जो रक्षा हैं करते

उड़ाते हैं खिल्ली उस लहू की भी तो देखो

जो जन-जन की खातिर हैं खेतों में मरते

हमारे ही बल पे हमारी ही खाते

हमें देख कर हमको मुहँ भी चिढ़ाते

हमारे ही डंडे में झंडा लगाते

गद्दी पे बैठे अँगूठा दिखाते

जीता भरोसा और लूटा हमें ही

हमी को हमारा वो मन बेचते हैं

आया समय कैसा अद्भुत मतङ्ग आज

हमारा ही ''भगवन'' हमें बेचते हैं।

मतलब की दुनियाँ मतलब का खेल

मतलब से रंगों में रंगों का मेल

कहीं धक्का मुक्की कहीं ठेलम ठेल

तू तू और मैं मैं में छूटी है रेल

किसी से मोहब्बत किसी से हैं बातें

कहीं भाग्य टूटा कहीं आजमाते

कहीं धोखा देते कहीं धोखा पाते

सुबह के चले शाम तक घर को आते

थके हारे मंदिर और मस्जिद से प्यारे

दुखी हो के अंतिम में मैखाने जाते

इंग्लिश या देसी हो शाकी विदेशी

सभी अपने लगते सभी लगते प्यासे

न मन में है धोखा न तन को ही रोका

जहाँ लेट पाते वहीं लेट जाते।

फुरसत के पल में भी इतनी फुरसत कि

नींद भी नहीं आती

क्योंकि हम केवल

सोना चाहते हैं

जमीनों में हवस

बोना चाहते हैं

फुरसत में सोने को

दिल करता है

फुरसत में पाप भी

प्रायश्चित करता है

मन की क्या कहें मतङ्ग

वो बस मौन रहता है

जिंदगी को जिंदगी

अब कौन कहता है

फुरसत को फुरसत में

फुरसत से देखा तो

फुरसत को फुरसत है

कौन कहता है।

मेरा होना या

न होना

मेरा जीना या

मर जाना

सरे बाजार में

रह के

भरे बाजार को

खोना

तुम्हें मतलब है

क्या मुझसे

दुखों में

लीन न होना

जनाजा देख लो

आओ

पकड़ लो तुम भी

इक कोना

चढ़ाना

पुष्प मलायें

चादरें भी

कब्र पे मेरे

लगाना धूल

माथे पर

''हंसी'' को रोक

फिर रोना

जमाना देख लेगा

दुःख में हो मेरे

मगर प्यारे

बेगैरत हो

जब कभी

याद आये

मुस्तफा होना।

होता जब जुल्म

बेटिओं पर

मेरा मन मतङ्ग

खूब रोता है

मजबूर विवश हो

दुनियां से

दर्दे दिल ही

लिख देता है

मेरा लिखना

मेरा पढ़ना

किस हद तक

क्या है क्या जानूँ

जो जुल्मों सितम के

पोषक हैं

उनकी सत्ता को

क्यों मानूं

जीवन के

अंतिम क्षण तक

लेखन विरोध

दर्शाऊँगा

दुष्टों में

कुछ हद तक मैं

कुछ तो दहशत

फैलाऊँगा

इक डाली भी

गर काट सका

मानूंगा विजय श्री

अपनी

लोगों का दुःख

गर बाँट सका

समझूँगा प्रतिफल

जीवन का।

गधे बिल्कुल भी

न रेकें

जहाँ सिंकती

वहीं सेंके

तवे हैं गर्म

मौसम के

रोटियाँ

दूर से फेकें

मैं आशिक हूँ

बहारों का

बेजुबां

बेसहारों का

जिन्हें

अखबार में छपना

वो पहले

आइना देखें

न बातें

धर्म की जानूँ

न ही जाती को

मैं मानूँ

मैं मिट्टी देश की

माथे लगाता हूँ

इसे देखें

मुहाफिज हूँ

वतन का मैं

मुसाफिर हूँ

चमन का मैं

बांधता हूँ

कफन सर पे

देख पाएं

तो ही देखें।

न लिख सका न पढ़ सका

न बोलना आया

जल्दी से शार्टकट लेकर

सबको खूब छकाया

चोर–पुलिस का खेल

खेलता था हर गली

एक समय आया

जिसमें आँधियाँ चलीं

टिकट ले नेता बना

महफूज हो गया

बेशर्म अदाकारों का

महबूब हो गया

लोग रात–दिन

मेरी बाट जोहते

काट लाल फीते

उनको हम हैं लूटते

पहली दफा दिमाग से

मैं पास हो गया

लूट-पाट की तो

तख़्तो-ताज पा गया

आज मेरी बल्ले-बल्ले

लोग रो रहे

जिसने दिया था वोट

''जमींदोज'' हो रहे।

धर्म के नाम पे धन का दोहन

देख सुंदरी भटके मोहन

तन मन धन से गए ठुकराए

गए भगाये भाग के आये

चेहरे पर फिर लगा मुखौटा

बिना किये सब कुछ अपनाये

कहीं पे चोरी कहीं बरजोरी

पीठ पे फेरा हाथ बहोरी

ठेके पर हैं देते नारा

सबसे प्यारा देश हमारा

इसके हित सब लुट जाएंगे

गर बच गए तो हम खाएंगे

ज्ञानी बोलें माया त्यागो

मुझको दे दो जंगल भागो

क्या रखा है लूट मार में

सारा मजा है मुफ्त प्यार में

सबसे मीठी वाणी बोलो

लिए विदेशी घर-घर डोलो

परियों के तन को चूम-चूम

अपने जीवन में रस घोलो
जो भी मिले प्रेम से खाओ
धीरे से फिर जेब टटोलो
पाश्चात्य तितलियों के पर से
कितने रजनीचर सिद्ध हुए
देखा यौवन जब अबला का
घूरते दिखे सब गिद्ध हुए
हर गली महल है सोने का
स्वर्णिम गद्दी है स्वर्ण शहर
लिए विदेशी कहें स्वदेशी
रास रचाएं लीलाधर।

सभी निज स्वार्थ में जीते

सभी निज स्वार्थ गाते हैं

कसम खाते हैं गीता की

कत्ल करके जो आते हैं

निजी भगवान हैं सबके

निजी हैं धर्म बहुतायत

है जिससे फायदा जिनको

उन्हें हाकिम बताते हैं

मुसीबत के हैं जो मारे

वही भगवान है प्यारे

उन्हें भगवान से क्या डर

जो उनको बेच खाते हैं

गर्मी में जो उन्हें कुछ दो

बेजुबानों की जुबाँ समझो

दिली जज़्बात गर हो तो

खुदा भी दौड़ आते हैं

जगा लो खुद को जाओ दूर

उन हाकिम गुनाहों से

फकत मिट्टी में मिलकर भी

दाग ''उसपे'' लगाते हैं।

कई सदग्रंथ लिखते हैं

कई सदग्रंथ गाते हैं

कई सदग्रंथ की प्यारे

गोटियाँ भी बिछाते हैं

न अब 'सत' है न हैं अब ग्रंथ

नहीं ग्रंथी यहाँ कोई

धौंस भगवान का देकर

हमें मूरख बनाते हैं

जहाँ दिखती उन्हें माया

पलट जाती है बस काया

लिपट कर मोह से

माया को भी दासी बनाते हैं

कोई है रूप का रसिया

कोई बनता है बन बसिया

कभी सीता हरण करते

मंच पे पाए जाते हैं

पड़ा पर्दा है केवल तुम

उठा कर के तनिक देखो

बचाते चीर दिखते जो

खींचते पाए जाते हैं।

लिखता हूँ मोहब्बत को मैं

सजा संवार के

करता हूँ सियासत भी मैं

कपड़े उतार के

जितने थे दुशासन

वो सब खड़े ही रह गए

लूटा मजा फकीर ने

नंगी मजार के

मैं चढ़ते हुए सीढ़ी से

कोठे तलक गया

देखा वहाँ का हाल

मेरा दम निकल गया

बजती थी बांसुरी

वफाएँ नृत्य कर रहीं

घुँघरू की खनक से

कई जेबें थीं भर रहीं

बैठे वहाँ थे कृष्ण

मगर बुत बने हुए

आकाओं की सभा में

सभी दुत पड़े हुए

होठों की लालिमा ने तो

कमाल कर दिया

दिल्ली की गद्दी दे के

मालामाल कर दिया।

जो दिखता है

लिख देता हूँ

लिखने में

पकड़ हमारी है

जो कर पाता

कर देता हूँ

करने में

भुजा हमारी है

मुँह बंद किया

मैं मूक हुआ

मेरी कुछ

जिम्मेदारी है

सच बोल सकूँ

नालायक हूँ

चुप चाप रहूँ

दुश्वारी है

मैं दुष्ट हृदय का

कर विरोध

कहलाता इक

खलनायक हूँ

कलम को

इक हथियार बना

मैं भी बनता

अब नायक हूँ।

जेब फटी कुछ गिर पड़े

सिक्के आने चार

धोखे में सब मानते

खुद को नोट हजार

परिधानों में कोट है

नयन चमकते नोट

नालों में भी ढूँढ़ते

मन के सारे खोट

माँ-बापू थे देवता

उनको किया अनाथ

गला घोंट विश्वास का

बन गये दीनानाथ

दीनों की निज दीनता

बन गई सबकी दास

दासी निज सेवा लिए

लेते हैं सन्यास

बच्चा-बच्चा जानता

क्या सच है क्या झूँठ

छिपते ऐसे दिख रहे

रेत छिपें जस ऊँट।

उचक्के चोर हैं

जितने

सजे बैठे हैं

मंचों पर

शरीफे जद

पढ़े लिक्खे

यहाँ जूती

उठाते हैं

तरक्की पा गए

गर कुछ

खुदा की

रहनुमाई से

उसी महफिल में

वो प्यारे

दरी चादर

बिछाते हैं

चाटते फिरते जो

जूठन

झूठ के

पहरेदारों की

जीत जाते

इलेक्सन फिर

अँगूठा ही

दिखाते हैं

चूसते माल हैं

प्यारे

ओढ़ते साल हैं

प्यारे

लाल हैं गाल भी

प्यारे

हमें जीना

सिखाते हैं।

होते ही भोर जोर से

रोती हैं बेटियाँ

कुछ बदनसीब भोर में

सोती हैं बेटियाँ

झाड़ू से जुझारू बनें

उड़ान भी भरें

घुटती रहीं हैं फिर भी

हमारी ये बेटियाँ

जंगल से लाके लकड़ी

बनाती हैं रोटियाँ

जंगल में भेड़ियों को

खिलाती हैं बोटियाँ

माँ-बाप को पलक पे

बिठाती हैं बेटियाँ

सबके सितम गले से

लगाती हैं बेटियाँ

बाहर से खुश हैं दिख रहीं

मुस्कान भी दिखे

भीतर से डरी सहमी हैं

हमारी बेटियाँ

हर दिल में बीज प्यार का

बोती हैं बेटियाँ

नफरत का भी शिकार

होती रहती बेटियाँ

वहशी दरिंदों की नजर में

गर वो आ गईं

नंगी सरे बाजार भी

होती हैं बेटियाँ

जीना सिखाती सबको

जीतीं अपनों के लिए

फिर भी हैं लूटी जाती

अपने घर में बेटियाँ।

अपनी कलम से

तुझको मैं सलाम लिख रहा

लगता है मुझको

मैं खुदा का नाम लिख रहा

लिखता हूँ खत मैं तुझको

कलेजा निकाल के

लगता है ''रेत'' पे

नया कलाम लिख रहा

मैं खुशनसीब हूँ मगर

लगता हूँ बदनसीब

नजरों को तेरे मैं

नया मकाम लिख रहा

दौरे गुनाह में मतङ्ग

गुनाह न करूँ

रेतों पे रेत से यही

पैगाम लिख रहा।

कुत्तों को मुहँ लगाना

लगा के मुहँ चटाना

बिन बात ही कटाना

मतङ्ग ने न जाना

मेरे ही पालतू अब

मुझपे ही भौंकते हैं

चुपके से मुझपे वो सब

बिन बोले दौड़ते हैं

नाकामियों को अपनी

मुझपे ही थोपते हैं

अब देखते ही मुझको

बाहें बटोरते हैं

जूटन था ज्यों गिराया

अगले ने दुम हिलाया

वो फिर से पल गए हैं

साँचे में ढल गए हैं

हालात देखउनकी

आँसू निकल गए हैं।

साख अपनी कभी

हम गिराते नहीं

लोमड़ी से कभी

दिल लगाते नहीं

गीदड़ों से बनाते

सदा दूरियाँ

भेड़ की झुंड में

सर झुकाते नहीं

भेड़िये छोड़ देते

तुरंत रास्ता

बिल्लियों से नहीं है

मेरा वास्ता

कुत्ते जितने सभी

दुम हिलाते मिले

चंद टुकड़ों पे भी

मुस्कराते मिले

जो ढँके खाल में

दूसरों की सदा

उनकी बैठक में

बिल्कुल भी जाते नहीं

राज की बात करके

जो राजा बने

ऐसे लुच्चों पे नरमी

दिखाते नहीं

न्याय जंगल का

मुझको पसंद ही नहीं

इसलिए न्याय का

गीत गाते नहीं

रास आये न आये

मेरा फैसला

वक्त की महफिलें

हम सजाते नहीं

न्याय करते तुरंत

अपने दम पे सदा

उस ''खुदा'' को कभी

हम भुलाते नहीं।

हूँ कलम का पुजारी

धन से हूँ मैं भिखारी

बनवाऊँ ''ताज'' कैसे

न बन सका मदारी

मजमा लगाने वाला

न बन सका मैं भाई

काली कमाई वाला

न बन सका कसाई

छोटी कलम से छोटा

इक लेख सा लिखता हूँ

लेखन की अपनी माला

प्रियतम को सौंपता हूँ

जीवन की संगिनी को

जीवन भी सौंपता हूँ

माँ-बाप न रहे अब

रिश्ते वो सब निभाती

अम्मा की तरह ही वो

मेरी रोटियाँ बनाती

चौखट पे मेरे आई

स्वागत में थी गरीबी

थी उसकी बदनसीबी

या मेरी खुशनसीबी

घर बार अपना छोड़ा

मेरी तरफ सिधारा

मेरे टूटे घर में आकर

मुझको दिया सहारा

माँ-बाप की भी सेवा

करती थी रात दिन वो

आभाव में भी रहकर

करती रही गुजारा

जीवन गुजारा जिसने।

रहनुमा ढूँढता था

न कोई मिला

ढूँढते-ढूँढते

रहनुमा बन गया

बात यूँ कुछ हुई

बात कुछ भी न थी

देखते-देखते

राजदा बन गया

पीकदानों पे मुझको

तरस आ गया

देखे हालात जो

मैं बरस सा गया

हैं गले मिल रहे

ईद में आजकल

उनको उनका मकां

बागबां मिल गया

इक मुलाकात थी

और कुछ भी नहीं

उनको लगता है जैसे

खुदा मिल गया

हुस्न ने इश्क को

ऐसी दावत दिया

इश्क ही अब फिजा का

खुदा बन गया।

आदम खुदा की जाति

खुदा को तरस रहा

देखा गरीब जिसको

उसी पे बरस रहा

छीनी हैं रोटियां

महज गरीब की उसने

उनकी ही बेटियों पे

सितम रोज कर रहा

अल्लाह तू कहाँ छिपा है

है या फिर नहीं

बंदा तेरा बंदों के

जुल्म से बिखर रहा

डरता है तू भी क्या

इन गुनाहगार जनों से

अपने बनाये बुत को जो

भगवान कह रहा

तेरा वजूद खोखला

साबित हैं कर रहे

जुल्मों सितम अमीरों का

परवान चढ़ रहा।

न मैं हिन्दू रहा

न मुसलमा रहा

बँटते-बँटते महज

इक सिफर ही रहा

अपने मकसद से वो

हैं लड़ाते मुझे

रोजियाँ लूटकर

हैं दिखाते मुझे

खून भाई का भाई

बहाता गया

मुस्करा के अँगूठा

दिखाते मुझे

बात ही बात में

एक सौगात में

लाश मेरी ही जालिम

दिखाते मुझे

हर तरफ है कहर

उनका बरपा हुआ

रोटियाँ मेरी खा के

दिखाते मुझे

खूबसूरत है मेरा

गुलिस्ता बहुत

आओ इसको दिलों में

सजा के रहें

बैर आपस का छोड़ें

बनें हमसफर

दुश्मनों की सियासत

मिटा के रहें।

आते हैं मेहरबां

मेरी नंगी मजार पे

बनते धनी गरीब के

कपड़े उतार के

नंगा बदन जो दिख गया

तो झुक के सब मिले

कसमें भी खाते रहते

दिनों रात प्यार के

करते हैं मोहब्बत

मेरे घुँघरू को चूम के

बेताब हैं कि रख दें

कलेजा निकाल के

गीदड़ की खाल ओढ़ के

आते हैं बबर शेर

भूखे हैं भेड़िये मेरे

बिस्तर के प्यार के

बिखरे पड़े हैं नोट

गरीबों के खून के

बन जाते रहनुमा भी वो

गुलाबी गाल के

मुहँ काला किये अपना

खड़े मंच पे सजे

नारी हितों की बात

करते करते न थकें

धरती पे राम हों या फिर

रहीम क्यों न हों

घायल हुआ गरीब ही

चाबुक की मार से

मुझे चाटते हैं काटते हैं

पीटते भी हैं

मंचों पे आ के मेरे

मुझपे थूकते भी हैं

आदम की जात आदमी को

लूट खा रहा

कुत्तों को अपनी गोद में

लेकर सुला रहा

पैदा हुआ है जिससे वो

है लूटता उसे

अपना ही अपने बीच में

घसीटता मुझे।

आदम की जात

इस कदर हुए कमाल के

भगवान भी रखने लगे

पत्थर में ढाल के

नामें खुदा की वोट

'नोट' जेब मे भरें

इंसां से अलग खुद को

सनम पेश वो करें

देते फिरें वरदान वो

सिक्के उछाल के

पेशे हैं रोजी रोटी के

बस वाग्जाल के

असली खुदा भटक रहे

फुटपाथ पे मतङ्ग

घायल पड़े हुए मिले

चाबुक की मार से

है कैसा जमाना

यहाँ हैं कैसे-कैसे लोग

हैरान परेशान खुदा भी

जहान के।

लुटता अगर गरीब है

पिटता भी है गरीब

पिटते पिटाते बच गया

कटता भी है गरीब

मौसम हो उमस का तो

वो बर्दास्त भी करे

दरबारी मौसमों में ही

घुटता रहा गरीब

घुट-घुट गुजारता रहा

वो सारी जिन्दगी

कर्जों को पाटता रहा

वो सारी जिंदगी

पैदा हुआ गरीब ही

गरीब रह गया

जीते हुए गरीबी में

गरीब मर गया

वोटों की राजनीति का

है ''रब'' बना गरीब

रहता है अपने आप से

जुदा यहाँ गरीब

हर दिल का आईना

बना हुआ यहाँ गरीब

महलों की ईंट-ईंट में

बसा हुआ गरीब

स्वागत में सारथी बना

खड़ा हुआ गरीब

सेवा की सेविका बना

पड़ा हुआ गरीब

नजरों में अमीरों के है

सड़ा हुआ गरीब

सबकी जरूरतों पे है

खुदा बना गरीब।

फरेबे इश्क या हशरत है

मुझको लूट खाने को

भरे दरबार में जालिम

मुझे आलिम बताते हैं

जो कल तक घूरते थे

देख कर आजू या बाजू में

वही सब आज कल मेरे यहाँ

मजमा लगाते हैं

न मैं बदला न वो बदले

समय बदला नियम बदले

वही सब लोग शामों सुबह

अब गजलें सुनाते हैं

नजर मेरे वो करते हैं

खबर मेरी वो रखते हैं

समय से रोज सुबहो-शाम

हाजिरी भी लगाते हैं।

था खुदा के लिए

जंगलों को चला

बन खुदा लूटता

हर गली में मिला

न खुदा ही मिला

न खुदाई मिली

हो गया अब खुदा से

बहुत फासला

न मुअस्सर हुई

नेकनामी मुझे

था समझता जिसे

बन गई वो बला

जानकर बूझकर

पत्थरों में फंसा

पेट भरता रहा

पत्थरों से सदा

काटता पत्थरों को

सुबह शाम था

पेट भरने को बिस

एक ही काम था

मेरे माता पिता

मेरे भगवान थे

काट करके शिला

लाते पकवान थे

मैं बड़ा जब हुआ

भूल उनको गया

छोड़ उनको

कमाई में मैं लग गया

बेचता अब तो

पत्थर के भगवान को

साथ ही साथ

अपने ही ईमान को।

द्वारे पे जो आ जाये

तो सम्मान दीजिये

दुखियारे बेजुबानों को

जुबान दीजिये

लंबी हो आस्तीन तो

समेट के रखें

किसने कहा कि

साँपों को भी पाल लीजिये

अपने ही पराये हुए हैं

दोस्त ही दुश्मन

किसने कहा कि

रिश्तों को अंजाम दीजिये

बन सको तो नेक बनो

नेकी ही करो

नामें खुदा को और न

बदनाम कीजिये।

हे राम तेरे बन्दे हैं

कितने कमाल के
तुझको भी रखे रहते हैं
पत्थर में ढाल के

कुछ जादू दिखाते हैं
ऐसे कमाल के
भगवान बन के आते हैं
तेरे ही लाल के

तू तो अबोध बालकों पे
रहम करता है
वो लोग चूसते हैं
जैसे आम डाल के

जब एक ही है तू
तो करोड़ों ये कौन हैं
किसने कैसे रख दिया
तुझे तोड़-ताड़ के

लालसा बढ़ी है धन की

और झूठी शान की

देवता बने हैं खुद ये

वाग्जाल के

ईश्वर है क्या कहाँ है वो

ये सब इन्हें पता

बनते बनाते रोज खुदा

ये रिसाल के।

हो सुर्खियों का शौक तो

नुस्खे सम्हाल लो

नकाबे शराफत को पहले

तुम उतार लो

बन जाओ रहनुमा भी

मुखौटे को सम्हाल के

न बोलो चुप रहो

कुछेक तुम भी तो ''पाल'' लो

बनों जाँबाज जनता में

जान को बाज बन झपटो

अगर हो खूबसूरत वो

तुरंत जा के उसे लिपटो

लगाओ जम के तुम नारे

बनो जन जन के तुम प्यारे

लगा डुबकी कुटिल गंगा

लो चमिकों अपने सितारे

चाहे दिल्ली तलक जाओ
चाहे मंदिर या फिर मस्जिद
मैकदे में दुआ करना
भूलना न कभी प्यारे

शरीफों के मुहल्ले में
भूलकर भी न तुम जाना
समझ उनको नहीं बिल्कुल
तुम्हारे काम की प्यारे।

कह मतङ्ग मैं पातकी

लागो पातक मोय

''बिटियाँ'' को देखूँ विवश

अपनों में भी होय

अपनों में भी होय

न चूके कोई भ्राता

पग-पग दिखते रोज

यहाँ बस भाग्य विधाता

पाखंडी हो गए सभी

इर्द-गिर्द के लोग

पर्दे के पीछे वही

करते माखन भोग

करते माखन भोग

बने सब कृष्ण मुरारी

लाज लूटने हेतु

खींचते देखो साड़ी

कह मतङ्ग अब

लाज बचे जब ''दुर्गा'' आवे

हर नारी जब धरे रूप

''चंडी'' का धावे।

जो भी मिला वो मुझसे

एहतराम से मिला

जब भी मिला वो

अपने निजी काम से मिला

जो भी कुसूरवार था

आ के मुझे मिला

जब भी मिला तो अपने

नये नाम से मिला

जितने थे नामवर सभी

घुटनों पे चल रहे

राहे खुदा में जब भी

कोई काम था मिला

रूहानी मोहब्बत भी है

जिस्मानी बन चुकी

अल्लाह की सूरत में भी

शैतान था मिला

था चूमता जो
अहले कदम के निशा मेरे
पाकीजा वफा के वो
कत्लेआम में मिला

करता था प्यार जो मेरे
गुलाबी गाल से
लेकर गुलाब वो मेरी
मजार पे मिला

नामें खुदा को सब यहाँ
बदनाम कर रहे
इंसान की औलाद को
इंसान न मिला।

अब तो अपनों से ही

जल रहा आदमी

आज अपनों को ही

छल रहा आदमी

द्वेष ईर्ष्या लिए

घूमें मन मे सदा

खा रहा आदमी को

यहाँ आदमी

जो भी अपने लगे

वो पराये दिखे

रंजिशें खून में वो

नहाये दिखे

चाटते जूठनों को

सदा जो रहे

बात आई तो

नजरें झुकायें दिखे

है मेहरबां खुदा

लग रहा मुझपे अब

साँप आस्तीन के

हो चुके हैं जुदा

मैं भी खुश हूँ

खुशी दिख रहा आदमी

लग रहा ये शहर

हर तरफ से गमी।

वो अपनी

आजमाते हैं

हम अपनों को

बचाते हैं

खेल में

चूहे बिल्ली के

विचारे

मात खाते हैं

मैं आशिक हूँ

गरीबों का

मैं वाकिफ हूँ

गरीबी से

गरीबों की

कृपा से हम

लड़ाई

जीत जाते हैं

नहीं माँ-बाप

अब मेरे

नहीं अभिशाप

है मुझ पर

याद करते हुए

रब को

समंदर

लाँघ जाते हैं।

जो था मेरे करीब

वो रकीब हो गया

मिलना बिछड़ना

अब मेरा नसीब हो गया

आदत में आ गया था

अश्क पोंछना तेरा

लगता है अब तो जैसे

मैं गरीब हो गया

मंजिल से दूर तक का नहीं

अब है वास्ता

आशिकी में तू तो

कोहिनूर हो गया

इश्क क्या किया

मेरी किस्मत बदल गई

सारा गुरूर मेरा

चकनाचूर हो गया।

मैं निकला था

सौगात लिए
बेशक अपनी
औकात लिये

मैं भूल अमीरी
गया मित्र
वापस आया था
मात लिए

मैंने जिनसे था
जन्म लिया
पहले उसपे
आघात किये

पहुँचे थे
सब कुछ छोड़ जहाँ
उसने मुझको
आजाद किये

न हो सके

किसी के हम

न ही कोई अब

मेरा हुआ

था ठाठ

अमीरी का देखा

कुछ कंधों पर

था लदा हुआ

कुछेक जाहिल हैं

खुदा को आजमाते
कुछेक जालिम हैं
खुदाई लूट खाते हैं

कुछेक आलिम हैं
नमाजे इश्क रखते हैं
कई ऐसे नगीने हैं
खुदा बनके ही रहते हैं

मैं हूँ मशगूल अपने में
रहूँ बेफिक्र सपनों में
खुदा का वास्ता मुझको
रहूँ मैं ''रब'' की नजरों में

मुझे मालूम है मेरा
हुनर रब का इशारा है
मेरा होना या न होना
महज रब का सहारा है

खता गर हो गई हो कुछ

तो मुझको माफ कर देना

अगर फिर भी न हो पाए

मेरा सर कलम कर देना।